Autoren-Team Sültz auf Sylt

DER KLEINE SYLT REPORT

Teil 1/2016

BoD-Verlag

Norderstedt

2016

Bibliografische Information durch die Deutsche Nationalbibliothek

Die Deutsche Nationalbibliothek verzeichnet diese Publikation in der Deutschen Nationalbibliografie; detaillierte bibliografische Daten sind im Internet über http://dnb.dnb.de abrufbar.

© 2016 Renate Sültz & Uwe H. Sültz

Herstellung und Verlag: BoD – Books on Demand, Norderstedt

ISBN 978-3-73922-559-3

DER KLEINE SYLT REPORT

mit folgenden Themen:

- Weihnachten 2015 auf der Insel
- Informationen über die Inselbahn 1888-1970
- Interessante Internetadressen, z.B. SYLT1
- Vorstellung von Koli, Autor in Tinnum
- Bücher vom Autorenteam Sültz auf Sylt
- Kurzgeschichten aus „Fitus, der Sylter Strandkobold", sowie der Sylt-Krimi „Mord unter Deck" und weitere Kurzgeschichten...

SYLT – Eine Insel zum Träumen.

Ob Frühling, Sommer, Herbst oder Winter... die Insel ist immer eine Reise wert!

„Sylt ist einfach liebenswert."

DER KLEINE SYLT REPORT ist eine Buchreihe mit immer wechselnden Themen zu erschwinglichen Preisen.

Als Autoren-Team Sültz auf Sylt lassen sich Renate Sültz und Uwe H. Sültz von der herrlichen Landschaft der Insel inspirieren.

Wer nicht die Möglichkeit hatte, die Weihnachtszeit auf der Insel zu verbringen, dem werden hier nun aktuelle Bilder (Dezember 2015) gezeigt. Viel Freude beim Anschauen wünschen

Renate Sültz & Uwe H. Sültz

Westerland

Kampen – Whiskymeile

St. Severin Kirche – Keitum

Fisch... Fisch...Fisch...

List

Alte Panzerstraße

Munkmarsch

Blick von der Uwe-Düne

Hörnum

Sonnenuntergang auf Sylt

Informationen über die Sylter Inselbahn

Unser Freund und Mitautor „Koli" ist noch mit der Sylter Inselbahn mitgefahren.

So erzählt er:

„Vom dänischen Hafen Hoyerschleuse aus trafen die Inselgäste im Hafen Munkmarsch auf Sylt ein. Um diese Gäste nach Westerland zu bringen, wurde die Ostbahn gebaut und ab 1888 eröffnet. Gäste, die über Helgoland nach Hörnum auf Sylt kamen, wurden ab 1902 von der Südbahn nach Westerland gebracht. Ab 1903 fuhr die Nordbahn von Westerland nach Kampen. 1908 ging es dann bis List. Als 1915 die Verbindung zwischen dem Südbahnhof und dem Nord/Ost-Bahnhof in Westerland fertiggestellt wurde, bestand nun eine Verbindung zwischen dem im

Süden gelegene Hörnum und dem im Norden gelegene List. Der alte Südbahnhof lag etwa an der heutigen Käpt'n-Christiansen-Straße. Die Trasse in Westerland ist der heutige Bahnweg. Etwa zwischen dem Fernsehturm, der neuen Post und dem Rathaus war das Bahngelände mit Nord/Ost-Bahnhof und den Werkstätten.

1923 wurden beide Bahnhöfe geschlossen. Der neue Bahnhof ZOB wird in Betrieb genommen (Zentraler Omnibus-Bahnhof). 1927 wird die Ostbahn geschlossen, da der

Hindenburgdamm die Überfahrt Hoyerschleuse nach Munkmarsch überflüssig machte. Mit der Zeit wurden die Fahrten immer unrentabler. Außerdem entsprachen die in den losen Sand gebauten Schienen nicht mehr den Sicherheitsansprüchen.

Die Fahrten wurden von Bussen übernommen. Die letzte Fahrt der Inselbahn fand im Dezember 1970 statt. Die Trasse der Inselbahn ist heute zum größten Teil ein Wanderweg. Die Achsen erinnern am Bahnhof in Westerland an die Sylt-Bahn."

Auto nach Sylt

Betreten und Befahren des Hindenburgdammes nicht gestattet

Deutsche Bundesbahn DB

IC 803 Sylter Strand

Westerland–Hamburg–Bremen–Münster–Dortmund–Essen–Düsseldorf–**Köln**–Bonn–Mainz–Frankfurt Flughafen –Mannheim–Karlsruhe

List
Klappholttal

Vogelkoje

Kampen
Wenningstedt
Westerland   Munkmarsch

Dikjen-Deel

Seeheim Rantum
Rantum

Puan-Klent'
Hörnum-Nord
Hörnum

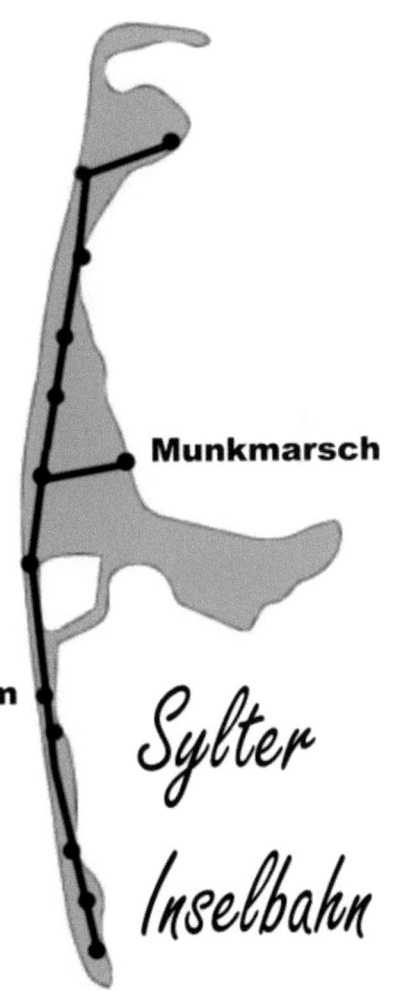

Sylter Inselbahn

Interessante Internetadressen:

Wer an seinem Heimatort nicht genug von seiner Lieblingsinsel Sylt hat, schaut den TV-Sender **SYLT1** im Internet. Ob Reportagen, das Sylt-Wetter, Webcams oder aktuelle Nachrichten, hier fühlen wir uns sofort wie im Urlaub.

<u>http://www.sylt1.tv/</u>

Außerdem ist **SYLT1** auch über ihre App, sowohl für Smartphones, Tablet-PCs und Smart-TVs zu empfangen.

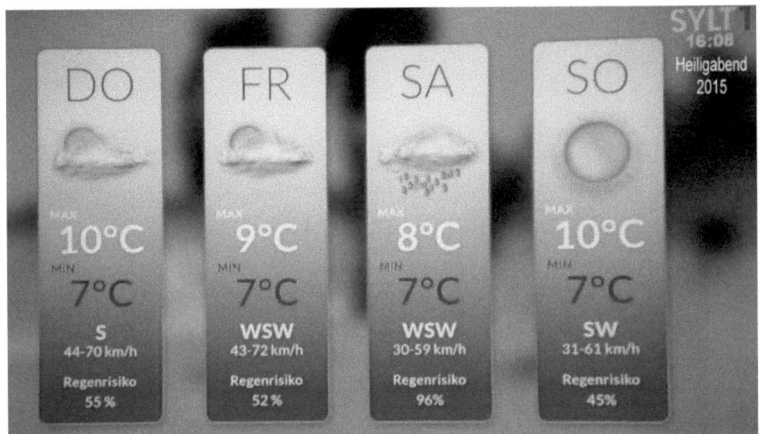

Wie sieht es mit einer Fahrt über die Insel aus?

Von Westerland nach List:

https://www.youtube.com/watch?v=z9uaxJwVUJI

Von Westerland nach Tinnum:

https://www.youtube.com/watch?v=nEQp-4-oQKE

Weitere Inselrundfahrten:

https://www.youtube.com/user/Ellamops

Vom Festland zur Insel mit dem Sylt-Shuttle:

https://www.youtube.com/watch?v=MvKuxt0QLVE

Und wieder zurück:

https://www.youtube.com/watch?v=uKmM931zu9Q

Weitere Sylt-Filme:

https://www.youtube.com/user/Ellamops

Sandaufspülung auf der Insel

Sandaufspülung in Westerland:

https://www.youtube.com/watch?v=hjjsdj4M6ig

SYLT Inselrundfahrt am 29.10.2013 nach dem Orkan "Christian":

https://www.youtube.com/watch?v=sym0mYwkyy8

SYLT - Morgens um 7 am Strand von Westerland:

https://www.youtube.com/watch?v=_jEgkyXQhrw

Inseleindrücke mit Sonnenuntergang:

https://www.youtube.com/watch?v=E3moxDXTAqg

Weitere Filme und Beiträge:

Einfach in die Suchmaschine **SÜLTZ** eingeben.

Auf dem roten Sofa sind viele Ideen entstanden.

Neu im Autoren-Team ist Koli aus Tinnum auf Sylt. Mit seiner authentisch nachgebildeten Modelleisenbahn garantierte er über 40 Jahre ständigen Fahrbetrieb. Heute tüftelt Koli darüber, die alte und neue Technik zu vereinen und Programme für seine Modelleisenbahn von Windows 95 auf Windows 8 umzuschreiben.

„Wir sind im Revier, in Dortmund, in die gleiche Berufsschule gegangen. Als wir uns auf Sylt getroffen haben, begann eine lange Freundschaft.", so Uwe H. Sültz.

Koli ergänzt viele Sylter Geschichten mit interessanten Informationen und Ideen. Demnächst erscheint der Sylter Krimi „Sonderdezernat Hörnum 1" mit 30 Kurzgeschichten, zu dem Koli die Geschichte „Die Sylter Inselbahn – Mord auf Platz 18" geschrieben hat.

Für unser Buch, „Science Fiction, Horror & Co. – Neue spannende Kurzgeschichten für unterwegs", hat Koli folgende Geschichte geschrieben:

Ein unglaublicher Zufall

Die großen Sommerferien 1932 hatten begonnen. Ich freute mich schon sehr darauf, meine Großeltern in Kampen auf Sylt besuchen zu können. Mein Name ist Gerda Schmitt, mit zwei T.

Wir waren nicht sehr reich, erst viel später erklärte mir mein Vater, dass er bei der Weltwirtschaftskrise 1929 sehr viel Geld verloren hatte. Meine Oma und mein Opa hatten ein schönes kleines Häuschen mit Reetdach auf der Insel und ihre gute Rente. Oma schickte mir immer Taschengeld zu.

Mutti packte alle meine schönsten Sachen ein. Nach langer Bahnfahrt erreichten wir den Hafen Hoyer-Schleuse in Dänemark. Ein Raddampfer brachte dann alle Gäste auf die Insel. Es war ein schöner Sommertag, aber sehr stürmisch. Meine Puppe Mimi hielt ich fest im Arm. In Munkmarsch brachte mich die Sylter-Inselbahn nach Westerland. Dort holte mich Opa Wolfgang mit seiner Pferdekutsche ab. Jetzt freute ich mich riesig Oma Annemarie wiederzusehen. Von weitem roch ich schon den leckeren Apfelkuchen. Ach, es waren wunderschöne Ferien. Viel zu schnell gingen sie vorbei.

Als Oma meine Reisekoffer packte, wollte sie ein Armband darin verstecken. Es sollte ein Geschenk an Mutti sein. Opa meinte aber, sie solle es lieber der Puppe anlegen, dann glaubt niemand, dass es echt sei. In Munkmarsch musste ich lange auf den

Raddampfer warten. Ich holte meine Puppe aus dem Koffer und spielte mit ihr. In den Sonnenstrahlen funkelten die Steine im Armband. Es war wieder sehr stürmisch. Plötzlich ging alles sehr schnell, der Raddampfer legte an und wir mussten uns alle beeilen. Der Raddampfer machte ein großes Getöse. Ich schaute mir die riesigen Schaufelräder an und da passierte das Unglück. Meine Puppe fiel über Board.

Meine Oma erwähnte das Armband niemals gegenüber meiner Mutter. Ich bin noch sehr oft bei meinen Großeltern gewesen. 1960 starben Oma und Opa. Mittlerweile war ich verheiratet. Mit meinem Mann eröffnete ich ein Geschäft für Haushaltswaren, wir waren hoch verschuldet. Ausgerechnet jetzt starben meine Großeltern. Opa Wolfgang starb nur 5 Wochen nach Oma.

Ich erbte ihr mit Reed gedecktes Haus. Viele schöne Erinnerungen verband ich mit dem Haus. Es roch wieder nach Apfelkuchen, ich meinte es zumindest. Trotzdem würde ich wohl das Haus notgedrungen verkaufen müssen.

Traurig ging ich am Strand von Wenningstedt spazieren. Ich ging auf das Rote Kliff zu. Ich weiß nicht wie ich es erklären soll, vielleicht gar nicht, vielleicht glaubt man mir gar nicht, vielleicht macht sich jeder seine eigenen Gedanken. Aber bei einem Gebet, ja es war mehr, es war ein Gespräch mit Oma, spülte eine große Welle meine Puppe mit dem Armband an den Strand. Ich konnte mein Glück kaum fassen, bedankte mich eintausend Mal bei Oma im Himmel. Das Armband war aus 750'er Gold und bestückt mit Brillanten von über 15 Karat.

Das Erbe konnte ich nun annehmen. Auch unser Geschäft konnten wir vergrößern.

Nun haben wir 2015. Wir wohnen seit langem in Omas und Opas Haus in Kampen. In 2 Tagen erwarten wir unsere 3 Enkelkinder. Wir freuen uns sehr.

In 2015 sind folgende Bücher veröffentlicht worden:

„Fitus, der Sylter Strandkobold" ist ein Kinderbuch. Das Buch ist ab 8 Jahren gedacht. Renate Sültz und Uwe H. Sültz waren an allen Stellen auf der Insel, an denen sich die Fitus-Geschichten abspielten. Dort wurden Fotos geschossen und Informationen zu der Insel kindgerecht integriert. Demnächst erscheint ein weiterer Teil.

ISBN 978-3-95744-758-6

Leseprobe:

Fitus – Ein Tag bei Oma Lotte

Nichts war los heute am Strand von Westerland. Fitus wollte einen Ausflug zum Morsum Kliff machen, von dort aus kann man die Autozüge beobachten, die auf die Insel oder zurück zum Festland fuhren. Wie winzige Wattwürmer erscheinen sie am Horizont, dann werden sie immer größer und größer, bis man den Autozug erkennt. Jetzt sieht man die vielen bunten Autos und die großen Lastwagen. Am Morsum Kliff kann auch gut gewandert werden.

Dort angekommen, kletterte Fitus auf den höchsten Baum. Ein paar Kühe standen herum, auch sie schauten in Richtung des Autozugs. Wollten sie auch die ankommenden Wagen zählen? Wohl eher nicht. Da kommt wieder ein Autozug. Zwanzig rote Autos konnte Fitus zählen, viele silberfarbene und noch mehr schwarze Wagen. Fitus gefallen ja bunte Autos viel lieber. Jetzt erkannte er sogar ein Auto in pink. Übrigens, wegen der starken Winde werden sehr oft zwei Lokomotiven eingesetzt.

Ein paar Autozüge beobachtete Fitus noch, dann ging er am Watt entlang in Richtung Morsum. Die Keitumer Kirche kann man heute richtig gut sehen. Noch fünfhundert Meter, dann kommt er zum Haus der Künstlerin Antje. Antje ist schon achtzig Jahre alt, wurde auf der Insel geboren und in der Kirche in Keitum getauft. Noch heute geht sie zu den herrlichen Orgelkonzerten und zum Gottesdienst. Die Bilder von Antje sind mit Ölfarbe gemalt. Hin und wieder verkauft sie ein Bild auf dem Markt in Westerland.

Nur ein paar Bilder verkauft Antje niemals. Denn manchmal passiert folgendes: Antje hat eine kleine Staffelei, ein paar Pinsel und Ölfarbe immer im gemütlichen Wohnbereich neben dem Kamin stehen. Antje bewohnt das Haus mit Reetdach schon seit ihrer Kindheit, 60 Jahre malt sie bereits. So lange steht die kleine Staffelei auch schon am Kamin. Die Künstlerin erinnert sich gern an das erste Mal. Morgens stand sie auf, einen großen Pott Kaffee trank sie zum Frühstücksbrot, ein fertiges Ölbild stand in der Staffelei. Sie wunderte sich sehr darüber. Die Pinsel waren noch feucht, wer hat das gemacht, wer hat dieses wunderschöne Bild mit dem Segelschiff gemalt?

Viele, viele Tage später musste Antje nachts auf die Toilette, es war wohl doch zu viel Kaffee. Sie hatte den Nachmittag zuvor ihre Freundinnen zu Kaffee und Kuchen geladen. Antje kann nämlich den besten friesischen Butterkuchen auf der Insel backen. Zumindest sagt das Frau Jensen. Nun ja, sie greift gern zum dritten und vierten Stückchen. Antje steht also in der Nacht im Wohnraum, der Kamin glimmt noch, sie sieht, wie sich der Pinsel mit Farbe füllt und auf der Leinwand ein Bild entsteht. Sie reibt sich die Augen, denn Antje kann nicht glauben was sich dort abspielt. Im Lehnstuhl sitzend schläft sie schließlich ein. Am Morgen ist das Bild fertig, sogar die Pinsel sind gesäubert. Das Bild zeigt Möwen im Flug, einfach wunderbar.

Antje richtete sich einen Raum in ihrem Haus ein, dort stellte sie alle Bilder aus. Mein Zauberraum nennt sie das Zimmer, niemand hat es je gesehen. Ja, Kinder, ihr wisst bestimmt auch, wer die Künstlerin Antje so oft besucht hat. Jetzt ist Fitus wieder auf dem Weg zu Antje, welches Motiv er wohl heute in der Nacht malt?

Hier nun eine weitere Leseprobe:

Fitus – Erste Hilfe am Rantum-Becken

Heute ist unser Strandkobold Fitus mit Kindern auf dem Piraten-Schiff im Lister Hafen unterwegs. Darüber wird er uns bestimmt noch demnächst erzählen. Fitus hilft ja allen Kindern, aber heute sind es Emma und Lukas, die dringend gebraucht wurden.

Etwa in der Mitte der Insel Sylt liegt auf der Wattseite das Rantum-Becken. Vor langer Zeit ist dies' ein Wasserflugplatz gewesen. Heute ist es ein Naturschutzgebiet, für unzählig viele Vögel ist es ein Nahrungs- und Rastgebiet. Viele Vogelarten brüten hier. Ja Kinder, besucht einmal das Rantum-Becken, auf dem Rundwanderweg könnt ihr die Vögel ganz nah erleben.

Emma und Lukas sind sehr interessiert an der Vogelwelt. Für ihre Schulklasse wollen sie einen interessanten Bericht schreiben. Beide fotografieren auch viel. „Schau einmal, Lukas, ich habe eine Seeschwalbe bei der Brut fotografiert!", flüsterte Emma. „Oh wie schön, ich beobachte gerade etwas dort im hohen Gras.", flüsterte Lukas zurück. Beide schlichen sich vorsichtig an, beide hielten ihre Fotokameras bereit, was werden sie wohl entdecken?

Ein schwarzweißes Gefieder wurde sichtbar. „Siehst du den Schnabel, Lukas? Das ist ein Säbelschnäbler.", flüsterte Emma weiter. Beide drücken auf die Auslöser ihrer Kameras.

Leise entfernten sie sich wieder. Weitere Fotos schossen sie auf dem Rundweg, schauten nach rechts, nach links, so viele Eindrücke nahmen sie auf. „Vorsicht!", ruft Emma laut. „Pssst, was ist denn.", entgegnet Lukas. „Fast wären wir auf ein Ei getreten. Wie kommt das denn auf den Gehweg?", so Emma weiter.

In ein frisches Papiertaschentuch wickelten sie das grünliche Ei mit den schwarzen Tupfen ein. Behutsam liefen sie zum Vogelwart der Insel. „Moin Kinder, möchtet ihr einen Rundgang mit mir machen?", fragte Uli, der Vogelwart. „Nein, wir haben ein Ei auf dem Gehweg gefunden!", sagte Emma. „Zeigt einmal, das sieht nach einem Säbelschnäbler aus, Kinder!", so der Vogelwart Uli. „Könnt ihr mir die Stelle zeigen, wo ihr das Ei gefunden habt?",

Am Fundort angekommen sah Ulli sofort 3 Nester. In seiner Liste hatte Ulli die Eier-Zahl eingetragen. Zwei Vögel waren auf Futtersuche, Uli schlich zu den Nestern. „Ja, das ist das Gelege von Luzie, hier sind vier Eier zu finden, aber in diesem Gelege, es ist von Frieda, da fehlt ein Ei. Wisst ihr, Kinder, ich gebe vielen Vögeln Namen!", sagte Uli.

Das war ein toller Erfolg und wirkliche erste Hilfe. „Kinder, das habt ihr prima gemacht, wenn die Vögel schlüpfen, werde ich zwei nach eurem Namen benennen, Emma und Lukas!", freute sich Uli, der Vogelwart.

Weiter geht es mit dem Kinderbuch „Das Schweinchen Klecks und andere Kindergeschichten". Es ist ideal für Erstleser und zum Vorlesen.

ISBN 978-3-95744-286-4

Renate Sültz hat im Vorfeld immer schon viele Kurzgeschichten und Gedichte geschrieben und veröffentlicht. Uwe H. Sültz hegte den Wunsch, während der Zugfahrt zur FH eine kleine abgeschlossene Geschichte zu lesen. So entstand das Buch „Spannende Kurzgeschichten für unterwegs". Enthalten sind 50 Kurzgeschichten aus unterschiedlichen Genres.

ISBN 978-3-95744-598-8

Eine Leseprobe zum Buch:

Hoka Hey

Der Truck, vollbeladen mit Benzin, raste direkt auf die Tankstelle zu. Der Highway war abschüssig. Hinter der Tankstelle ging es bergauf. Ob die Bremsen versagten, der Fahrer einen Fehler machte, es ist nicht bekannt. Das über 20 Meter lange Gefährt schleuderte und drehte sich. Der Wüstensand wirbelte auf. Niemand ahnte etwas in der Tankstelle. Jennys sechsten Geburtstag wollte man feiern.

Dann krachte es. Der Truck schob die Zapfsäulen wie Spielzeug zur Seite. Benzinfontänen schossen durch die Luft. Zur Seite gekippt lag das Ungetüm vor der kompletten Tankstelle. Die 32 Grad im Schatten, die Benzindämpfe, das auslaufende Benzin, alles das ließ nichts Gutes für die 12 Eingeschlossenen Menschen erwarten. Gut, dass ein Kurzschluss in der Außenbeleuchtung mit der Aufschrift "Hoka Hey Driver" den Strom abgestellt hatte. Sonst wäre es schon zur Explosion gekommen. Die Tankstelle ist schon seit Generationen im Besitz der Familie Hatah. Es ist ein indianischer Name. Hoka Hey hieß der Großvater oder der Urgroßvater.

Das Aufschreien der Kinder, der Schock der Erwachsenen, legte sich langsam. Leider gab es nur nach vorne Fenster und Türen. Das lag daran, dass zur Rückseite die Sandstürme den Sand immer auftürmten. Nun lag der Truck vor Fenster und Türen.

Die Kinder mussten sich flach auf den Boden legen, um nicht so viel Dämpfe einzuatmen. Alle Erwachsenen gruben ein Loch, um auf die andere Seite fliehen zu können. Fliehen vor einer riesigen und tödlichen Explosion. Es war nur eine Frage der Zeit. Sie gruben unaufhörlich und in der Tankstelle türmte sich ein Sandberg.

Eine feste Platte stoppte ihr Bestreben in die Freiheit zu gelangen. Sie klopften die Platte ab. Kein Holz, kein Metall, kein Stein. Etwas Leichtes und Dumpfes. War es die Rettung oder mussten sie aufgeben?

Da war ein eigenartiger Riegel, nicht zum Ziehen, nicht zum Drehen. Er bewegte sich nach innen.

Langsam, etwas knirschend vom Sand, öffnete sich die Tür. Es war eine Luke. Frischer Sauerstoff kam ihnen entgegen. Jennys Vater stieg zuerst ein, dann die Kinder und jetzt alle anderen Erwachsenen. Das Kleid von Jennys Mutter blieb an einem inneren Hebel hängen. Die Luke schloss sich wieder. Es war hell in dem Raum.

Woher kommt das Licht? Weitere Türen öffneten sich. Technische Geräte vermischten sich mit indianischen Werkzeugen. Ein durchsichtiger Sarg war zu sehen. Es lag ein Mensch darin, ein Indianer. Was sollten sie nur tun? Diese Knöpfe, diese Beschriftungen, dieses Licht. Alle haben so etwas noch nie gesehen, wohl aus Science-Fiction-Filmen. Sollte es etwa ein Ufo sein? In diesem Augenblick gab es eine riesige Explosion. Der Truck explodierte. Selbst wenn sie frei und schnell gewesen wären, wie hätten sie es schaffen können?

Nach dem Feuer wachten alle unbeschadet in der Wüste auf. Sie konnten sich an nichts mehr erinnern. Ein weiterer Mann war bei ihnen. War es ein Durchreisender? Oder der Truckfahrer?

Niemand wusste es. Auf seiner Halskette waren in indianischer Schrift die Symbole „Hoka Hey", übersetzt: „Pass auf".

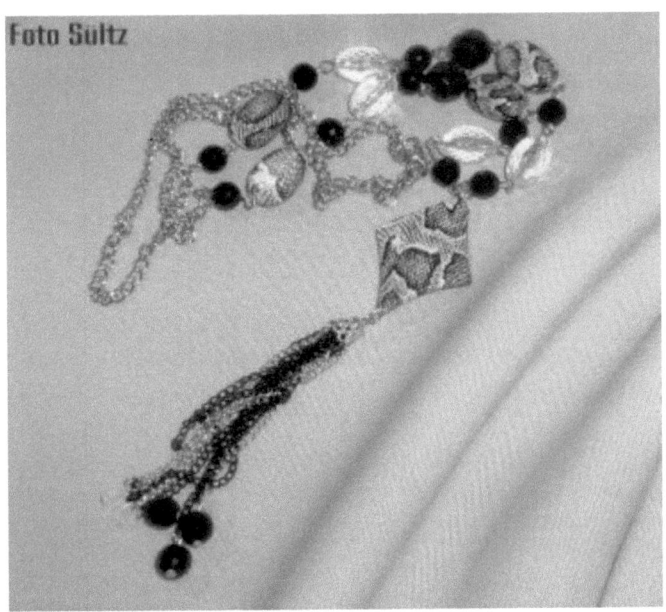

Der Baum

Karl war ein stolzer Ritter. Wenn es ihm möglich war, so traf er sich immer mit Siglinde. Auf der grünen Wiese vergnügten sie sich. Sie lachten und küssten sich. Siglinde brachte immer einen gut gefüllten Korb mit allerhand Leckereien mit. Karl griff herzhaft zu. Es war sein letzter Kreuzzug.

Außer ein paar Stichwunden ist er unversehrt geblieben. Mit Siglinde wollte er ein neues Leben weit entfernt im Süden beginnen. So entkamen sie dem schwarzen Tod.

Plötzlich traf mich eine Bleikugel. Nun gut, ich war noch im Wachstum, aber sie blieb ein Leben lang in meinem Stamm. Ich erinnere mich auch gern an Rüdiger und Liebermann. Wie oft spendete ich ihnen Schatten wenn sie ihre langen Schachpartien spielten. Eines Tages gesellte sich Tiberius

hinzu. Er hatte die Neuigkeit zu erzählen, dass es nur noch Arabische Zahlen gibt und nicht mehr die Römischen.

Prompt ritzte er in meinen empfindlichen Stamm einen Kreis ein und sagte, dass nennt man Null.

Ein neuer Sommer brach an. Konstanze breitete unter meinen weit ausgebreiteten Armen eine Decke aus mit lauter Köstlichkeiten. Ihr Liebster liebkoste Konstanze. Beide genossen die frische, saftige Luft der grünen Wiese, bevor Konstanze aus einem dieser neuen, wunderbar gebundenen Schriften als Buch etwas aus der Wissenschaft erfuhr.

Eine lebhafte Diskussion erlebte ich einige Sommer später. Zwei Freunde unterhielten sich über die Sonne.

Wie oft habe ich sie schon aufgehen und wieder untergehen sehen. Ich habe die Wärme genossen. Beide diskutierten heftig darüber, dass sich die Erde nun um die Sonne dreht. Ach, was interessiert es mich. Viele Paare liebten sich unter meinen schützenden Armen. Ich habe mich immer sehr gefreut. Dann sah ich 30 Jahre nur eine Verwüstung. Viele Kugeln trafen mich. Ein junger Mann betete zu Gott. Ein anderer wurde von einer Kugel getroffen. Ach, hätte es doch lieber mich erwischt.

Ganz erschrocken bin ich gewesen, als dicht neben mir Brüder und Schwestern aufgestellt wurden.

Ohne Arme. Ganz kahl waren sie. Verbunden wurden sie mit langen Leinen. Ich hörte wie zwei Arbeiter während der Pause von Telegraphie sprachen. Nun, wenn es unbedingt sein muss. Aber wie viel schöner wäre es gewesen, wenn diese Geschwister Blüten tragen würden. Jetzt glühen nur die Drähte. Ganz in meiner Nähe wurde ein fester Weg angelegt. Mit Staunen sah ich, dass die Fuhrwerke nun ohne Pferde auskamen. Dafür war es aber laut und ein unangenehmer Geruch lag in der Luft. Trotzdem amüsierten sich Luise und ihr Heinrich bei mir. Wir alle waren sehr glücklich.

Wieder und immer wieder wurde ich von Kugeln getroffen. Ein riesiges Loch neben mir in der Erde hätte mich fast vernichtet. Aber ich konnte mich noch so eben abstützen.

Danach kam eine sonderbare Zeit. Junge Leute brachten Fröhlichkeit, Tanz und Geräte mit, aus denen sie eine ganze Kapelle aus einem kleinen Kasten hörten. Einige brachten schwarze Scheiben mit. Renate war ganz begeistert von einem gewissen Elvis, der mich aber nie besuchen kam. Im Laufe der Zeit habe ich viel gesehen, gehört und erlebt. Heute haben die jungen Leute Knöpfe im Ohr. Über mir donnern schwere Fahrzeuge durch die Luft.

Ich stehe immer noch auf der grünen Wiese, denn mittlerweile bin ich ein sehr alter Baum.

Ein weiteres Buch mit Kurzgeschichten ist am 30. Oktober 2015 erschienen. Viele Zuschriften erreichten uns, dieses Buch in

Kategorien einzuteilen. So entstand das Buch „Science Fiction, Horror & Co. – Neue spannende Kurzgeschichten für unterwegs". Es ist in Science Fiction, Horror, Krimi und Schicksal aufgeteilt.

ISBN 978-3-96008-041-1

Leseproben zu dem Buch:

Mission BIG BANG

Das Raumschiff KOLOSSEUS 5000 ist eines der letzten Raumschiffe der Erde, das mit modernster Technik ausgestattet ist und das Universum erforscht. Erdbewohner gibt es seit mehr als 10000 Jahren nicht mehr. Der letzte Stand der Technik ist die anderthalbfache Lichtgeschwindigkeit gewesen, sowie ein Lichtstrahl-Abwehrsystem mit 100 Strahlenkanonen rund um das riesige Raumschiff. Dies dient nun wirklich nur der Verteidigung, das haben zwar die letzten Staaten auch gesagt, bevor es zum finalen Atom-Krieg kam, aber die Besatzung der KOLOSSEUS ist sich dessen bewusst. Das Raumschiff sollte nur der Wissenschaft und Erforschung dienen.

Trotz der gewaltigen Ausmaße mit den 15 Kilometern Länge erreicht es mittlerweile die 20 fache Lichtgeschwindigkeit. Das Raumschiff ist nach dem superschnellen Computer KOLOSSEUS 01 benannt. Er ermittelt bei dieser hohen Reisegeschwindigkeit die genaue Route, eine Kollision mit Materie im Weltraum ist so unmöglich. Einzelne Atome werden aber eingesammelt und verwertet. Die Mannschaft befindet sich bis zum Ziel im Kälteschlaf. Über Generationen hinweg fliegt das Raumschiff nun bereits zum Erkundungsort, dem Beginn allen Seins, aller Materie, allen Lebens… DEM URKNALL.

Die einzelnen Raumschiffe, die damals in den Weltraum gestartet sind, wurden mit unterschiedlichen Aufträgen in eine nicht bekannte Zukunft geschickt. ROMEUS 4 ist auf den Weg zum letzten Stern des gesamten Universums geschickt worden. Kommt außerhalb des Weltalls nichts mehr? Das war die Frage. Andere Raumschiffe sollten Planeten finden, damit die Menschheit überleben kann.

„Kapitän, die Signale des Urknall-Rauschens nehmen zu, wir können nun eindeutig sagen, aus welcher Richtung sie kommen!", sagte der Wissenschaftsingenieur Jack Taylor. „Kurs setzen, Jack! Dann treffen wir uns zur Lagebesprechung im Freizeitraum.", so Kapitän Brümmer.

Die verantwortlichen Besatzungsmitglieder jeder Gruppe trafen sich im Freizeitraum, alle anderen hörten über Bordfunk die neusten Erkenntnisse mit. Jeder im Raumschiff hatte das gleiche Mitspracherecht, ob die Küchenmannschaft, das Reinigungspersonal oder die Wissenschaftsingenieure, jede Gruppe entsannte einen Vertreter zur Lagebesprechung.

„Kapitän an Besatzung!", ertönte es aus den Lautsprechern. „Wir sind nun in der fünften

Generation auf dem Raumschiff KOLOSSEUS 5000. Eine große Familie sind wir geworden. Unsere Vorfahren auf diesem Schiff erhielten die Aufgabe, nach dem Urknall zu suchen. Viele Theorien sind entwickelt worden. Wir sind nun die Generation, die das große Rätsel lösen könnte. Was könnte uns erwarten? Ingenieur Peter Müller ist der Meinung, dass der Urknall eine Überhitzung in einem anderen Parallel-Universum sei. Sozusagen, ein Loch im Raum, welches immer noch aktiv ist. Das würde bedeuten, dass uns eine gewaltige Strahlung entgegen kommt, zwar abgeschwächt, aber noch aktiv. Die Wissenschaftler Cliff Owens und Claudia Steiner sind dagegen der Meinung, dass der Urknall eine einmalige Sache war und längst zum Abschluss kam. Und das Millisekunden nach dem Knall. Das würde bedeuten, dass wir in einen leeren Raum hineinfliegen bis zum Anfangspunkt. Wir wissen nicht was uns erwartet, aber wir werden nun auf Höchstgeschwindigkeit gehen und in Richtung des Anfangspunktes des Universums Kurs halten!"

Die gesamte Mannschaft versetzte sich in den Kälteschlaf und raste mit Höchstgeschwindigkeit auf den Mittelpunkt des Universums zu. Je näher sie zum Anfangspunkt kamen, umso farbiger wurde der Weltraum. Sterne und Planeten gab es immer weniger, stattdessen farbige Wolken und Schleier. Immer tiefer stieß die

KOLOSSEUS vor, immer näher und näher zum Mittelpunkt.

Auf der anderen Seite des Universums flog die ROMEUS 4 ebenfalls in eine ungewisse Zukunft. Hier verkündete Kapitän Steve Wagener: „Hier spricht Ihr Kapitän. Wir sind nun lange unterwegs. Unsere Vorfahren haben uns den Weg geebnet um zum äußersten Stern des gesamten Universums zu gelangen. Was wird uns erwarten? Gibt es nach dem äußersten Stern überhaupt Raum? Wird der Raum durch die Ausdehnung erst geboren? Oder knallen wir gegen eine Hülle, als seien wir in einem riesigen Luftballon? Wir werden es erfahren, demnächst haben wir den letzten Stern erreicht."

Auch die Mannschaft der ROMEUS 4 versetzte sich in den Tiefschlaf und flog mit Höchstgeschwindigkeit auf den äußersten Stern des Universums zu.

Je näher sie zum Endpunkt kamen, umso dunkler wurde der Weltraum. Sterne und Planeten gab es immer weniger, stattdessen dunkle Wolken und Schleier. Immer tiefer stieß die ROMEUS vor, immer näher zum Endpunkt.

Die Mannschaften erwachten. Die Wolken und Schleier in die die KOLOSSEUS flog wurden weniger, ebenso wie bei der ROMEUS. „Kapitän!", schrie Steuermann Wilsen vom Raumschiff KOLOSSEUS, „Schiff voraus!" Die

KOLOSSEUS 5000 flog direkt auf die ROMEUS 4 zu.

Die Unendlichkeit des Weltalls ist nun wirklich Unendlich!

Sylt – Mord unter Deck?

Schweißgebadet wachte Kriminalhauptkommissar Jens Petersen um 7 Uhr auf. „Ulla!", schrie er, „ich habe verschlafen!" Jedoch waren seine Frau Ulla und Tochter Roberta auf Mallorca. „Was wollen die beiden auf Mallorca, Sylt ist die schönste Insel.", grummelte Petersen. Es war eben ein Gewinn für zwei Personen. Sieben Tage Malle mit allem Drum und Dran.

„Moin!", rief Petersen in die Runde auf der Wache in Westerland. „Schlecht geschlafen, Herr Kollege?", fragte Kommissar Friedrichsen. „Ach, Ulla ist im Urlaub. Ich habe von einem Mord in List geträumt und dachte ich hätte verschlafen.", so Petersen. „Hier ist doch sowieso nichts los.", sagte Praktikant Hannes Hansen kleinlaut. „Irrtum, Herr Oberkommissar in Wartestellung! Nicht in List ist etwas los, sondern in Munkmarsch. Meine Herren, ab zum Einsatzort!", entgegnete Friedrichsen.

Im Hafen von Munkmarsch angekommen zeigte Kellner Sörensen auf die Motoryacht „Anna Nass". „Der Gast wollte bereits vor dem gestrigen Sturm im Hafen festlegen, nun liegt er bei Ebbe und Flut am Watt. Die Yacht lag leicht gekippt und lag nun trocken. „Wie kommen wir nun zu diesem Schiff?", fragte Praktikant Hansen. „Na zu Fuß, Hannes, außerdem ist das kein Schiff sondern eine Yacht. Nun hole die Gummistiefel aus dem Auto.", orderte Kriminalhauptkommissar Jens Petersen. „Ich habe auch die Leiter mitgebracht!", rief Hannes Hansen stolz. „Aus Dir wird noch ein echter Oberkommissar nach der Wartestellung.", lachte Petersen.

Auf der Yacht fanden sie den leblosen Körper von Dirk van Bertram. Sein Kopf lag in einer Blutlache. Der Tote lag auf dem Bauch. Die

Untersuchung begann. „Vergiss die Handschuhe nicht, Hannes!", rief der erfahrene Kommissar Petersen seinem Praktikanten zu. „Hier liegt eine Brieftasche. Der Name des Toten ist Dirk van Bertram. Seltsam, 2500 Euro sind im Scheinfach. Wollte die der Mörder etwa nicht?", wunderte sich Hannes Hansen. „Es muss ja kein Mord sein, Hannes.", entgegnete Petersen. „Er wird sich doch nicht selbst einen auf die Mütze gegeben haben!", lachte der Praktikant.

„Apropos Mütze, eine Kapitänsmütze lag auf dem Deck.", so Petersen und rief Dr. Knudsen in Keitum an, um den Toten untersuchen zu lassen. Nach zwei Stunden haben beide die Yacht auf den Kopf gestellt. Nichts Auffälliges konnten sie finden. „Hannes, hole den Dok aus Keitum ab, er ist jetzt in seiner Praxis.", sagte Petersen. „Chef, die Flut ist gekommen. Soll ich das kleine Schiff nehmen?", fragte Hannes Hansen. „Das ist ein Boot, du Tütkopp, ein Schlauchboot mit Motor!", rief Petersen. „Spaß, Chef, war doch nur Spaß!"

„Moin, Jens. Was kann ich für dich tun?", fragte Dr. Knudsen. „Ach, ich sehe es schon." Dr. Knudsen drehte den Toten auf den Rücken. „Hier ist ja noch eine Brieftasche zu finden!", rief Hannes Hansen. „Ja, da schau an. Na, der Fall wird wohl sehr einfach zu lösen sein. Herbert Hövel gehört die Brieftasche. Ausweis, Führerschein und 200 Euro sind darin.", freute sich Kriminalhauptkommissar Petersen. „War es ein Unfall oder ein Mord, Dok?", fragte der Praktikant. „Es war ein Schlag auf die Schläfe, sucht nach entsprechenden Gegenständen.", so der Dok. „Tja, da haben wir viele Möglichkeiten. Hier liegen Sektflaschen, schwere Bierkrüge, Werkzeuge und sogar ein Toaster herum.", der Kommissar fuhr sich durch die Haare. „Es kann ein Unfall gewesen sein, verdächtig ist die zweite Brieftasche.", so Petersen weiter.

Zurück in der Wache schrieb Kriminalhauptkommissar Jens Petersen seinen Bericht. „... es wurde eine weitere Brieftasche gefunden, mit Ausweispapieren von Herrn Herbert Hövel.", murmelte Petersen. „Herbert Hövel?", fragte Kommissar Friedrichsen, der gegenüber sitzt. „Den haben wir vor 2 Stunden aus einer Bar abgeholt. Er konnte die Zeche nicht bezahlen.", so Friedrichsen weiter. „Dann haben wir ein Problem. Vielleicht war es dann doch ein Unfall.", überlegte Petersen.

Nachfolgende Recherchen ergaben, dass sich Herbert Hövel und Dirk van Bertram gut kannten. Dirk van Bertram war Diamantenhändler und Herbert Hövel Kurier. Herbert Hövel gab an, nachts noch vor dem Sturm eine Tour durch die Whisky-Meile zu unternehmen. Nach dem Abendessen in Munkmarsch steckte van Bertram wohl ausversehen Hövels Brieftasche ein. Hövel konnte seine Aussage belegen und wurde frei gelassen. „Nun, dann wird van Bertram durch den heftigen Seegang und dem Sturm gestürzt sein. So hat er sich dann wohl die Kopfwunde zugezogen.", vermutete Jens Petersen. „Das ist ja wieder ein langweiliger Fall.", murmelte Praktikant Hannes Hansen.

„Auf keinem der Gegenstände sind Spuren zu finden.", sagte der Dok, der seinen Bericht abgeben wollte. „Aber von so vielen Flaschen Rum und Champagner bin ich ganz besurpen, nehmt bloß keine Blutprobe bei mir!", lachte der Dok. „Wenn Sie wieder nüchtern sind, dann sagen Sie, ob Ihnen sonst nichts aufgefallen ist.", sagte Friedrichsen. „Wenn Sie so fragen, eine Gürtelschlaufe ist gerissen. Aber das wird wohl nicht wichtig sein, obwohl, es ist eine Qualitätshose von Boss.", ergänzte der Dok.

„Hannes, zeige noch einmal die Brieftasche vom Opfer!", rief Petersen. „Schaut einmal, hier ist eine Öse, es könnte eine Kette angebracht gewesen sein.", so Petersen weiter. „Genau, und diese ist an der Gürtelschlaufe befestigt gewesen.", überlegte Dr. Knudsen. „Dann sucht die Kette.", ordnete Friedrichsen an.

Die Yacht lag im Hafen von Munkmarsch. Kriminalhauptkommissar Jens Petersen und Praktikant Hannes Hansen zerlegten nun alles. „Was vermuten sie, Chef?", fragte Hansen. „Nun, entweder wollte der Tote seine Brieftasche mit einer Kette sichern oder es war etwas an der Kette, was abgerissen wurde.", sagte Petersen. „Finden wir nur die Kette, dann ist der Fall abgeschlossen und Du hast pünktlich Feierabend!", fügte Petersen hinzu.

„Boa, das ist ja Luxus pur, der LED-Fernseher verschwindet auf Knopfdruck hinter eine Wand!", rief Hannes. „Und? Suche weiter!", rief Petersen. „Ja, dieses Bild müsste eigentlich dort hängen, hier ist der Haken zum Aufhängen.", staunte Hannes Hansen. „Chef, da ist ein Tresor hinter dem Fernseher!", schrie der Praktikant. Am Tresor war ein Schlüssel eingesteckt. Am Schlüssel hing eine Kette. Es war die gesuchte Kette. Jetzt ist es wahrscheinlicher, dass es sich doch um Mord handelte. Die Kette mit Schlüssel könnte bei einem Kampf abgerissen worden sein.

„Diamanten, 2500 Euro in der Brieftasche, Alibis, hier stimmt doch etwas nicht.", analysierte Jens Petersen. Petersen ordnete die Überwachung von Herbert Hövel an. Dieser tourte immer noch in der Whiskymeile umher. Jetzt war er in ständiger Begleitung eines jungen Mannes.

„Das ist alles sehr verdächtig. Lasst uns Undercover arbeiten.", sagte Petersen auf der Wache. „Ich erledige das!", rief Praktikant Hannes Hansen. „Na, dann zeige was du kannst, Herr Oberkommissar in Wartestellung.", sagte Kommissar Friedrichsen.

In der Bar wartete Hansen bis Herbert Hövel abgefüllt war. Das war seine Gelegenheit um mit Hövels Begleiter Kontakt aufzunehmen. Beide schwärmten für Ferrari, Rolex und Frauen. „Ich bin der Siggi. Lass' uns noch einen heben, mein Vater ist ja schon fertig mit der Welt!", sagte Siggi Hövel, dessen Namen ja nun bekannt wurde. „Ja, eine Rolex hätte ich auch gern.", schwärmte Hannes Hansen. „Die kann ich alle kaufen, alle! Schau her, ein ganzes Säckchen Diamanten. Mein Vater und ich handeln damit. Uns gehört die Welt!", ritt sich Siggi in die Falle.

Noch in der gleichen Stunde wurden Vater und Sohn Hövel fest genommen. Beide gestanden, die Geschichte vorgetäuscht zu haben, um an die Diamanten zu kommen, was interessieren da 2500 Euro, die Diamanten hatten einen Wert von einer Million. Siggi Hövel erschlug Dirk van Bertram und raubte die Diamanten. Die Tatwaffe, ein Flasche Rum warf er über Board. Der Fall war gelöst. „Endlich einmal Action!", rief Praktikant Hannes Hansen.

Ab Januar 2016 erhältlich:

Das Buch „Konstanzes Vermächtnis" ist ein Generationen-Roman und spielt im Alten Berlin bis in die Neuzeit.

ISBN 978-3-73921-903-5

Das Buch „Star Marshal" ist ein Science-Fiction-Western. Ein Polizei-Raumschiff wird von einem Schwarzen Loch verschluckt.

ISBN 978-3-73922-617-0

Herzlichen Dank für Ihr Interesse.
Wir sehen uns auf der Insel.

Renate Sültz, Koli und Uwe H. Sültz

Was in 2016 noch erscheint:

Sylt-Krimi-Kurzgeschichten von List bis Hörnum

Ein Gedichte-Buch, sowie ein Bildband über die welterste Compact-Cassette und den Recorder PHILIPS EL 3300.